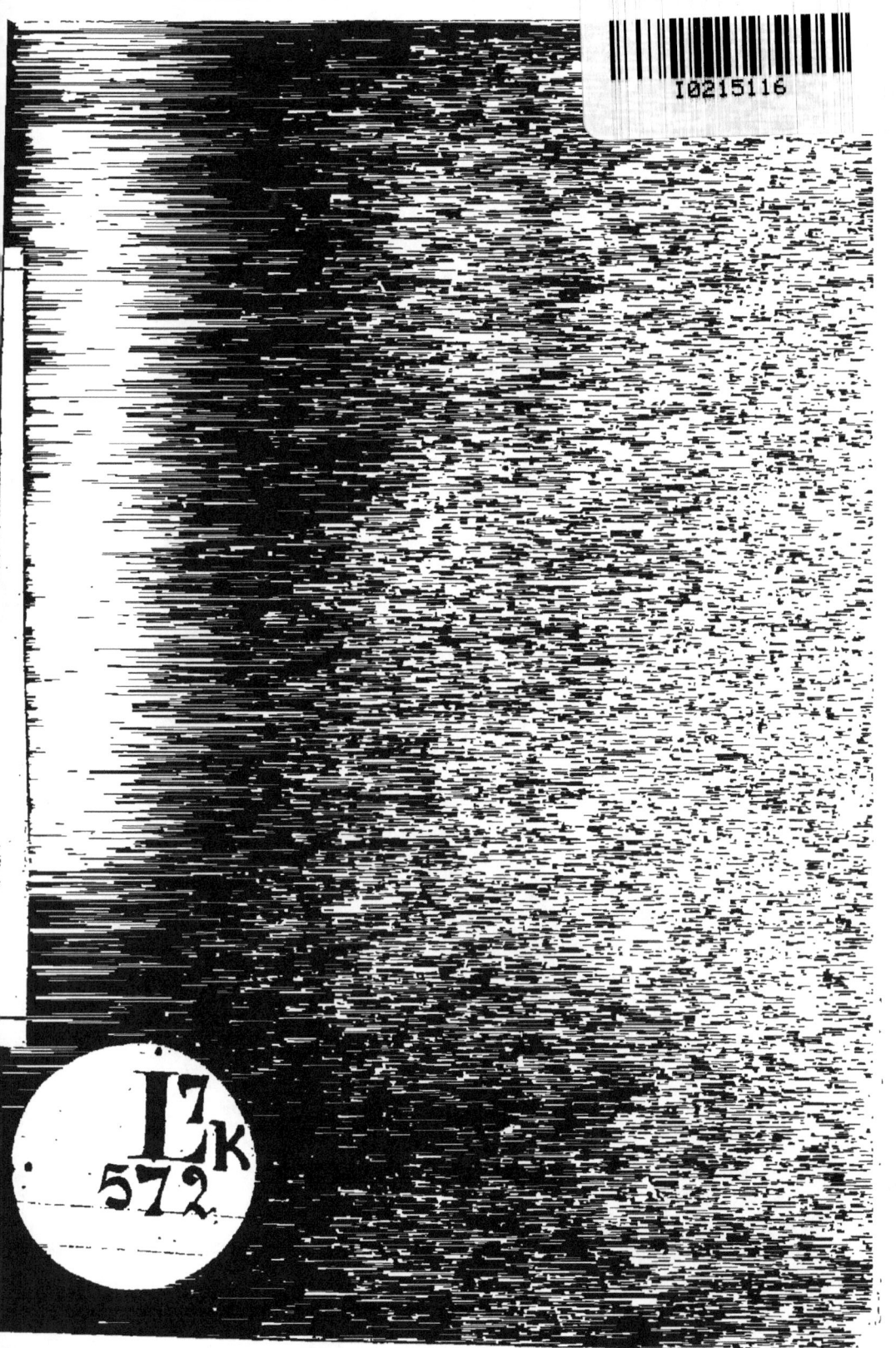

Lk 572.

LÉGENDES AUTERIVAINES.

NOTRE-DAME
DU
CHATEAU

PAR

FRÉDÉRIC MONDOUIS.

DEUXIÈME ÉDITION.

TOULOUSE
GIMET ET COTTEL, LIBRAIRES,
RUE DES BALANCES, 66.

1861.

TOULOUSE, IMP. DE A. CHAUVIN.

INTRODUCTION.

Il nous semble qu'il existe un lien indissoluble entre l'atome infime et l'immensité, à tel point que les plus grandes choses se rattachent nécessairement aux plus petites. C'est là, croyons-nous, une loi générale qui gouverne l'univers.

Ceci blessera l'orgueil humain ; mais nous croyons qu'il n'est pas au pouvoir de l'homme de supprimer de la création la plus minime des choses.

S'il en était autrement, nous verrions avec plaisir les esprits forts mesurer leur puissance au renversement de l'égoïsme, ce cancer dont les proportions deviennent chaque jour plus colossales, ce cancer qui menace jusque dans sa sève le génie de la civilisation, et qui, sans doute, dissoudra un jour le monde social, à moins que Dieu, touché de pitié, n'intervienne et ne rappelle aux hommes que les premiers seront les derniers.

La Providence divine plane sur le genre humain comme une égide éternelle et le préserve sans cesse de la chute.

Ce serait par trop d'orgueil, par exemple, que d'attribuer à la puissance humaine l'élévation constante dont notre patrie est fière et qui la place au-dessus des peuples comme la reine des nations.

Il n'appartient qu'à la mauvaise foi, à l'aveuglement de la raison d'oser nier l'influence du ciel dans notre élévation.

Les autres peuples n'ont-ils pas de l'intelligence, du génie autant que nous, sinon davantage? Pourquoi les dominons-nous? N'est-ce pas le secret d'en haut?

INTRODUCTION.

Oui, il est des nations privilégiées dont les hommes sont choisis afin de constituer sur la terre le peuple de Dieu.

La France, telle est notre foi, est une nation providentielle appelée à changer un jour la face des choses sur notre globe et à faire triompher partout la loi de l'Evangile.

Notre histoire est remplie de faits saillants où la main de l'Eternel pèse de tout son poids dans la balance : on dirait un mystérieux sauveur qui pas à pas suit son protégé, qui prévoit, détourne, surmonte tous les dangers.

La vierge de Vaucouleurs n'est-elle pas une incarnation de la protection divine?

Le vœu de Louis XIII, prononcé après tant de discordes civiles, n'est-il pas une reconnaissance solennelle des bienfaits célestes?

Quelle ville de France n'a pas son protecteur auprès de Dieu?

Quand les populations ont été frappées par les fléaux, n'ont-elles pas été écoutées dans leurs prières, sauvées par leur foi ?

C'est vrai, les progrès de la civilisation sont pour notre génération un titre magnifique auquel l'avenir réserve une grande gloire ; sans doute, c'est là pour nous un sujet de légitime orgueil ; mais ne devrions-nous pas, plutôt que de nous enorgueillir, élever notre âme vers Dieu, entonner une hymne immortelle d'actions de grâces pour le remercier de nous avoir donné la sublime mission de marcher à la tête des peuples et des empires ?

La Providence se manifeste, aux yeux de celui qui médite et prie, avec un éclat que rien ne saurait égaler.

Il faudrait la bénir chaque jour de nous avoir fait naître où nous sommes, tandis que nous aurions pu venir au monde au milieu d'une peuplade barbare, perdue dans des contrées sauvages, véritable repaire de bêtes farouches.

Dans ces contrées, l'homme prie avec ferveur, mais il prie des dieux impuissants.

Si les hommes de l'Evangile n'allaient, au péril de leur vie, instruire ces pays perdus, longtemps encore ils ignoreraient la lumière et demeureraient dans l'avilissement le plus abject.

Nous aussi avons eu notre part de ténèbres. Notre belle France fut autrefois, sous le joug des dieux impuissants, un mélange confus, presque inhabité, de forêts, de landes, de marais et de rochers; pays où les huttes de feuillages, de bruyère et de boue étaient des palais, où des cavernes, véritables trous dans la terre, étaient des habitations.

C'est donc par une *grâce* toute particulière que nous sommes devenus le premier peuple du monde; il a fallu une longue suite de manifestations de la protection divine pour atteindre, comme nous le voyons, au faîte de la puissance humaine.

De là ces nombreuses traditions qui, sur tous les points de la France, viennent nous dire combien de fois le ciel est venu à notre aide, combien de fois pour nous a sonné l'heure du péril, combien de fois enfin nous avons été miraculeusement sauvés des dangers les plus menaçants.

Nous sommes maintenant responsables de l'humanité ; souvenons-nous que nous aurons à rendre compte un jour de ce que nous aurons fait de l'empire du monde, et si nous avons forfait à notre mandat, le châtiment sera aussi terrible que la mission aura été grande.

Souvenons-nous des peuples maudits ; ouvrons les yeux, et n'attendons pas que la lumière nous aveugle pour confesser qu'elle éclaire.

NOTRE-DAME
DU
CHATEAU.

LÉGENDE.

Un noble seigneur d'Auterive, vassal du comte de Toulouse, partit pour la croisade prêchée, contre les Turcs, par Pierre l'Ermite.

Avant son départ, ce seigneur ne voulut pas laisser sa bonne ville abandonnée aux convoitises de Satan ; aussi fit-il construire, sur la porte nord de la cité, une chapelle dédiée à Notre-Dame de la Garde.

Quand cette chapelle fut achevée, le noble seigneur, suivi de ses pages, de ses varlets, des chevaliers et des hommes d'armes, alla assister au saint sacrifice de la messe, qui pour la première fois y fut célébré.

Après cette auguste cérémonie, le noble seigneur s'avança vers l'autel, reçut du prêtre la bénédiction sainte, puis se tournant vers l'assemblée profondément recueillie, il fit vœu à Notre-Dame d'élever en son honneur une église magnifique qu'il ornerait de toutes les dépouilles prises sur les indignes possesseurs du Saint-Sépulcre, s'il revenait sain, sauf et victorieux de la croisade contre les infidèles.

Il dit aussi qu'il ne cesserait de prier Notre-Dame de protéger pendant son absence les pieux habitants d'Auterive, de telle sorte qu'à son retour et dans la même chapelle ils pussent tous ensemble lui adresser solennellement leurs actions de grâces.

Le noble seigneur partit, béni par toute la population, qui sema des fleurs sur son passage et supplia le ciel de protéger partout le valeureux croisé.

Pendant les premières années de cette guerre sainte, on reçut à Auterive de riches envois, qu'en l'honneur de Notre-Dame le noble seigneur adressait de Palestine.

Plus tard ces envois cessèrent, et plus on n'entendit parler du vaillant seigneur.

Seulement le soir, dans la chapelle du Château, on entendait, comme chanté par des voix surhumaines, un cantique qui se terminait par ces mots :

> Gardienne attentive,
> Protége Auterive.

Quelques âmes dévotes crurent plusieurs fois reconnaître la voix du noble croisé. Bientôt le bruit se répandit que ce seigneur était mort en défendant le tombeau du Christ.

Quelques années après, un orage humain s'accumulait dans le Midi de la France : des sectaires audacieux propageaient contre la religion des doctrines perverses, cherchant à vulgariser ainsi contre Dieu le sacrilége et le blasphème.

Bientôt le pays de Provence, de Languedoc, du Lauragais, de Foix fut envahi par une armée innombrable.

C'était la croisade contre les Albigeois.

Auterive eut beaucoup à souffrir de cette guerre ; elle fut prise et reprise pendant deux fois ; elle fut incendiée, pillée, saccagée ; mais sa divine protectrice permit qu'elle sortît libre et triomphante de l'hérésie.

Mais la chapelle fut détruite ; de longtemps on ne put la relever.

Enfin, le ciel l'emporta sur l'hérésie, la paix revint dans les pays dévastés, et cette fois la sainte Vierge se manifesta, à Auterive, par un évènement miraculeux.

Voici comment la tradition, par la

bouche des vieillards, raconte cet évènement :

L'on venait de reconstruire la porte nord adossée au bastion carré du Château qui, de ce côté, défendait la ville, lorsqu'un matin, sous un pied de sureau fleuri, les ouvriers occupés à la reconstruction des murailles trouvèrent étendue une modeste statue de la très-sainte Vierge.

Cette statue était en bois et représentait la mère de Dieu tenant son divin Fils sur son bras. — Aussitôt cette image miraculeuse fut pompeusement portée dans la grande église d'Auterive.

Les habitants, vivement touchés de ce don du ciel, se souvinrent des récits que leurs pères leur avaient faits sur la protection dont la ville avait toujours été l'objet de la part de Notre-Dame de la Garde.

Mais le lendemain les Auterivains passèrent de la surprise à la crainte. La statue miraculeuse avait été enlevée de l'église, par une main invisible, et replacée sous le sureau.

Il était évident que la Vierge désignait par ce miracle sa véritable place, celle où elle résidait d'ailleurs avant les troubles des Albigeois.

Alors on éleva sur la porte nord une petite chapelle consacrée à Notre-Dame de la Garde, où la statue de la sainte fut placée.

Depuis et de tous côtés de pieux pèlerins vinrent à Auterive visiter la chapelle de Notre-Dame et invoquer son inépuisable bonté.

A cette époque les contrées riveraines des cours d'eau fournissaient spécialement des matelots au roi, des marins au commerce. Quant ces hommes partaient ils ne manquaient jamais de venir demander la protection de Notre-Dame du Château ; de même qu'à leur retour ils comblaient la chapelle de dons magnifiques, en témoignage de leur reconnaissance envers la divine Vierge, qui, dans les traversées périlleuses, dans les excursions lointaines, avait constamment sauvegardé leurs jours.

Les laboureurs de tout le pays du Lauragais venaient pieusement y recommander leurs biens, les fruits de la terre, le bon emploi de leurs travaux.

Les barons, les seigneurs, les nobles bourgeois, les riches commerçants professaient pour la gardienne d'Auterive un culte tout particulier; ils lui vouaient leur famille, leurs intérêts, tous les instants de leur vie.

Il existe encore de nombreux *ex voto* qui prouvent combien cette sainte prodigua des secours et des bienfaits, non-seulement aux habitants d'Auterive, mais encore à tous ceux qui réclamèrent son intercession, soit dans leurs souffrances, soit dans leurs malheurs.

Entre autres, il en est un qui rappelle qu'une noble dame, venant à Auterive pour prier la sainte madone du Château, fut miraculeusement sauvée lorsque, traversant un gué de l'Ariége, le cheval qui la portait s'étant effrayé l'avait avec lui précipitée dans un gouffre sans fond.

Un ange, dit-on, prit aussitôt le cheval par la bride, retint la noble dame et la conduisit jusqu'au bord opposé.

La suite de cette châtelaine fut témoin de ce miracle, qu'on attribua, avec raison, à Notre-Dame du Château.

Grâces au divin concours de cette Vierge miraculeuse, des chevaliers de l'ordre militaire de Malte, appartenant au pays d'Auterive, furent sauvés lors du fameux siége de Rhodes, que l'ordre eut à soutenir contre les Turcs commandés par Soliman.

Il existe encore à Auterive un domaine portant le titre de Commanderie, et qui jadis fut un de ces bénéfices qu'on avait alors coutume d'accorder aux chevaliers qui, par leurs services, leur intelligence, ou leur courage, avaient mérité la dignité de *grand commandeur de l'ordre.*

Auterive appartenait à *la langue* de Provence qui était la première de *la religion*, et fournit des commandeurs à l'ordre militaire de Malte. Cette dignité ne pouvait être conférée par le grand maître qu'aux chevaliers appartenant à la première *langue* de *la religion.*

Ce fut surtout l'un de ces commandeurs qui favorisa la chapelle dédiée à Notre-Dame du Château, de tout ce que Dieu lui avait accordé de biens et de richesses.

C'est de lui qu'on sait combien la protection de la très-sainte Vierge fut grande pour les chevaliers dont nous avons parlé.

L'on peut dire, sans exagération, que pendant huit siècles environ la Mère du divin Rédempteur a comblé la ville d'Auterive de bontés, de protections, de grâces et de bienfaits. L'on peut dire encore que c'est là du ciel une marque complète de divine faveur. Il faut reconnaître en même temps que les populations du pays d'Auterive se montrent pour leur protectrice d'une piété fervente qui rappelle les dévotions des premiers âges.

En 1789, l'esprit humain commit cette grossière et sanglante erreur qui pose la raison incompatible avec la foi.

De cette erreur aux égarements de 93, il y a moins qu'un pas.

Alors, la France assista aux folies de la raison.

Cette dernière, vous le savez, eut ses prêtres, ses autels, ses disciples et ses sacrifices. Entre les mains des sacrificateurs elle devint un dieu iconoclaste et démolisseur, iconoclaste autant que les sectaires de Mahomet, démolisseur comme la dévastation.

Ce dieu poussa les hommes aux hécatombes humaines, et la raison n'eut rien à envier au dieu Teutatès.

Légendes, traditions, pélerinages, piété, religion, tout cela fut submergé, englouti dans un déluge de sang.

Au milieu de cette perturbation épouvantable, où l'homme, dans ses accès de raison, eût osé bouleverser les mondes s'il eût eu des mains assez puissantes, vous voyez déjà la modeste chapelle d'Auterive en butte à toutes les injures, à tous les sarcasmes, à tous les instincts destructeurs des impies de ce temps-là.

On nous permettra de raconter d'une manière générale ce qui alors se passa à Auterive.

La charité chrétienne, cette véritable vertu du vrai progrès, de la vraie raison, nous impose de faire entendre des paroles de pardon pour des malheureux qui, aveuglés par un fanatisme jusque-là inconnu, nous ont laissé de si tristes souvenirs.

Il faut le dire hautement, Auterive ne trouva pas dans son sein un homme

LÉGENDE. 23

pour démolir la chapelle et renverser la statue de Notre-Dame du Château.

Le sacrilége est une lâcheté ; Auterive eut toujours des chrétiens, jamais des lâches.

Cependant quelques inconnus (l'enfer est fécond en monstres) se présentèrent pour opérer la démolition. Ce qui fut rapidement fait.

Il ne restait plus que la niche qui renfermait la statue vénérée.

Personne n'osa d'abord y toucher.

Enfin, un fanatique plus exalté que ses acolytes s'avança vers la statue ; il l'entoura de ses bras musculeux, essayant de l'attirer vers lui ; mais ses efforts plusieurs fois répétés furent inutiles : la statue demeura à sa place.

Alors l'exaltation de ce héros de la

profanation se tourna en rage ; alors il s'arma d'une pique, et à grands coups il démolit complètement le piédestal sur lequel la statue était élevée ; mais encore, quoique privée d'appui, cette sainte image demeura à sa place.

A cet instant, les profanateurs découragés se regardèrent, comme frappés de stupeur.

Cependant ils ne devaient pas s'arrêter en si beau chemin.

Ils se ruèrent sur la niche, la démolirent, s'emparèrent de la statue comme d'un trophée, et la portèrent sur la plate-forme du Château, où ils la brûlèrent, dansant autour du bûcher comme une troupe de cannibales autour d'un saint missionnaire qu'ils se préparent à dévorer.

. . . .

Longtemps encore l'herbe qui d'habitude naissait en ce lieu ne reparut plus : la place qu'occupa l'ignoble bûcher semblait maudite, à jamais inféconde.

Longtemps encore la porte au-dessus de laquelle s'élevait la sainte chapelle resta seule avec sa muraille nue et délabrée ; le lierre et la mousse ornaient seuls ces ruines de leurs festons et de leurs touffes entrelacés.

Il y a peu d'années, les hommes chargés des intérêts communs de la petite ville d'Auterive jugèrent convenable de faire démolir cette porte ; mais ils eurent le soin scrupuleux de faire placer à l'angle du bastion qui soutenait la porte une petite madone en bois, au-dessus de laquelle la piété auterivaine entretint une lampe qui brûlait jour et nuit.

Une tradition aussi sainte méritait une consécration plus grandiose.

L'esprit chrétien, qui principalement caractérise les populations de la contrée d'Auterive, ne pouvait se contenter de l'hommage presque dérisoire rendu à la mémoire de Notre-Dame du Château par une édilité mal guidée.

Aussi, grâces à la piété, au zèle infatigable du clergé de la paroisse Saint-Paul, depuis plus d'une année s'élève à la place de la petite madone une chapelle d'une architecture gracieuse, légère et finie.

Ce monument est couronné par un clocheton élancé, d'un bon style ; à l'extérieur, dans la partie comprise entre le frontispice et le clocheton, se trouve une statue magnifique de la très-sainte Vierge, qui, les mains sur la ville et les yeux élevés vers le ciel, semble, sous une couronne d'étoiles d'or, invoquer pour tous la protection du Très-Haut.

Une plaque de marbre blanc, placée aux pieds de la Vierge, porte cette inscription :

ILS M'ONT ÉTABLIE LA GARDIENNE
DE LEUR CITÉ.

De pareils faits sont susceptibles de faire revenir à des sentiments plus sains, plus profonds, les cœurs égarés qui osent dire que la religion n'est autre chose qu'un moyen politique.

Nous n'ignorons pas que la politique sait purifier ses mains en salissant même les choses les plus sacrées.

Et nous pourrions répondre à notre tour, sous l'égide de l'expérience, dont l'histoire des siècles est remplie, par ces paroles que l'éminent prédicateur ordinaire de l'Empereur prononçait un jour dans une de ces conférences où la chaire devient le trône de la vérité.

« Quiconque voudra diriger les peu-
» ples par le vrai désir de faire ho-
» norer et servir Dieu avec une pleine
» et sincère abnégation de soi, sera
» incontestablement habile et presque
» toujours heureux. Mais quiconque
» dans le gouvernement des masses
» ravalera le Seigneur et sa vérité jus-

» qu'aux indignes proportions d'un
» moyen de police ou d'une ressource
» diplomatique, sera écrasé par le
» poids immense qu'il aura impru-
» demment attiré sur sa tête, et verra
» se briser dans ses mains l'épée de la
» victoire, le sceptre du bon droit, la
» force même que donne la nécessité. »

Mais une légende ne peut être un thème donné à la controverse. Nous laisserons à tous ce qui appartient à tous, c'est-à-dire le droit d'appréciation et le devoir de croire.

Les leçons du passé sont rigoureuses ; les générations n'ont pas de meilleure école.

Il existe, il est vrai, des horizons inconnus ; nous attendons le génie qui doit déchirer le voile épais qui les couvre ; mais quelle que soit la profondeur de ces horizons, nous ne pouvons y supposer que l'apothéose et non l'abîme de notre foi.

Il n'est, à nos yeux, rien de plus édifiant que le spectacle de la piété sincère, de la foi naïve, d'autant plus sublime qu'elle est plus simple.

Nous aimons le seuil de notre chapelle caché matin et soir sous les genoux des fidèles.

A peine l'angelus a-t-il envoyé vers le ciel sa dernière volée, qu'au lever comme au coucher du soleil, on rencontre aux pieds de l'autel consacré à la plus sainte des vierges, des enfants, des jeunes filles, des hommes, des vieillards de toute condition, qui, avant de se livrer soit aux occupations du jour, soit au repos de la nuit, aiment à ranimer leur cœur au feu sacré de la prière.

Cela nous rappelle des traditions nobles et sacrées, traditions dont nous sommes issus pour ainsi dire, traditions qui ont fait la France, sauveront le monde, parce qu'elles viennent de Dieu et que Dieu n'est pas seulement la raison, mais la foi, l'amour et la raison.

Cela contraste singulièrement avec l'esprit sceptique et l'égoïsme de nos temps.

Les hommes de l'avenir se moqueront de nous, quand ils compareront l'orgueil de nos prétentions aux lâchetés de notre égoïsme. Ils voudront continuer l'œuvre de nos devanciers en religion et en piété.

Si les transitions que nous traversons sont fertiles en découragements funestes, en désertions fatales, si elles sont pénibles, laborieuses, arides, espérons qu'elles seront décisives pour le triomphe éternel de la vérité.

Déjà les beaux jours de Notre-Dame du Château sont revenus; qu'ils soient le signal d'une réaction salutaire, de telle sorte que le dix-neuvième siècle, qui a presque commencé pendant les saturnales de la raison, finisse, sous la protection de la foi, au milieu des cantiques et des hymnes que la religion seule connaît et que seule elle inspire.

FIN.

www.ingramcontent.com/pod-product-compliance
Lightning Source LLC
Chambersburg PA
CBHW061010050426
42453CB00009B/1358